RÉFUTATION

DES PRINCIPES

DE M. LOUIS BLANC

SUR

L'ORGANISATION DU TRAVAIL

PAR ROUSSEAUX ET BICANT.

PRIX : 15 CENT.

PARIS,

Chez **MARTINON**, rue du Coq-Saint-Honoré, n° 4.

1848

Imp. de Ph. CORDIER, rue du Ponceau, 24.

RÉFUTATION

DES PRINCIPES

DE M. LOUIS BLANC

SUR

L'ORGANISATION DU TRAVAIL.

Il ne faut pas s'exagérer la gravité de la position.

Il ne faut pas non plus se faire illusion sur les difficultés à vaincre.

La première, et sans contredit la plus importante, est l'organisation du travail ; car ne nous y trompons pas, la révolution qui vient de s'accomplir, n'est pas seulement politique, elle est aussi sociale.

Mais à toute production, le temps ; il serait insensé de vouloir cueillir prématurément les fruits d'une éducation encore au berceau.

Niveler les salaires est le rêve le plus irréalisable qui soit jamais sorti d'un cerveau humain.

Vous pouvez supprimer les salaires, peut-être, et c'est là encore une question à laquelle l'avenir se chargera de répondre ; mais si vous en accordez (et cela n'a jamais été un doute pour nous), vous ne pouvez sans injustice donner à tous indistinctement un salaire uniforme.

Dans toutes les parties où le salaire est ainsi réglé, l'industrie languit faute d'émulation.

Supposez deux hommes, l'un actif, intelligent ; l'autre apathique, incapable ; le premier pouvant gagner six francs, le second trois francs ; maintenant fixez la journée pour tous les deux au prix invariable de quatre francs ; mettez ces deux hommes côte à côte, eh bien ! vous croyez que le plus faible fera ses efforts pour s'élever au niveau du plus fort ? Nullement. Dans quel but ? n'a-t-il pas sa journée ? gagnera-t-il plus en travaillant davantage ? Le plus fort au contraire descendra au niveau du plus faible et se réglera sur lui ; ceci est irrécusable en pratique.

Il y a donc perte pour l'ouvrier intelligent et perte pour le maître.

L'uniformité des salaires est donc une cause de décadence, puisqu'elle ruine l'entrepreneur en détruisant l'émulation.

Vous voulez élever les salaires.

Mais si vous élevez les salaires, vous élevez le prix des produits.

Vous rendez l'écoulement de ces produits beaucoup plus difficile.

Et comment ferez-vous pour soutenir la concurrence avec l'étranger, concurrence que vous soutenez déjà si péniblement ?

Remplacerez-vous au moins cette élévation de la valeur des produits par une supériorité de qualité ; vous le savez, l'Angleterre ne nous le cède en rien sur ce point ?

Donc, si vous créez des obstacles à l'écoulement des produits, vous en réduisez le chiffre et conséquemment celui du travail.

Ainsi un ouvrier aura une journée plus élevée, mais travaillera moins, y gagnera-t-il ?

Et ne voyez-vous pas, d'ailleurs, d'immenses dangers pour la sécurité publique, pour l'intérêt commercial à augmenter le nombre des jours de chômage, à jeter sur le pavé des malheureux que la prévoyance n'aura pas mis à l'abri du besoin.

Que deviendront les chefs d'établissements dont les ateliers resteront déserts pendant cinq ou six mois de l'année ? Y aura-t-il au moins compensation pour eux comme pour les ouvriers ; leurs bénéfices à eux augmenteront-ils durant le temps d'activité ? Aucunement ; vous leur aurez créé de nouveaux embarras, de nouvelles difficultés sans compensation.

Mais, direz-vous, il y a des milliers d'individus entassés dans les fabriques et qui gagnent à peine de quoi acheter du pain ; ne ferons-nous rien pour les secourir ?

Le tableau de ces misères n'est malheureusement que trop réel. Voilà le mal ; on ne saurait le nier ; il est patent.

L'augmentation des salaires est-elle au moins un remède à tant, et de si grands maux, on n'y saurait croire ; car si l'ouvrier reçoit plus, il payera plus cher aussi les objets de consommation, lesquels augmenteront dans la même proportion. Donc, augmenter toutes les journées revient à n'en augmenter aucune, avec cette différence pourtant que, si le changement est nul pour l'ouvrier, il est ruineux pour le fabricant.

Ce que nous disons ici de l'augmentation des salaires, est également applicable à la réduction des heures de travail. Cette mesure, juste pour quelques ouvriers, nulle pour quelques autres, est désastreuse pour les entrepreneurs ou fabricants ; car elle augmente les prix des produits sans ajouter au salaire des ouvriers.

Mais en supposant, d'ailleurs, qu'il y ait bénéfice pour l'ouvrier à être payé plus cher, et que ce surcroît de salaire apportât quelque bien-être dans sa vie active, vous aurez fait tout pour le présent, mais rien pour l'avenir ; et la vieillesse, les infirmités enverront à l'hôpital ces malheureux qui n'auront su que travailler sans prévoir.

Vous élevez les salaires, soit ; voilà qui est bien pour l'industrie, mais que devient l'agriculture ?...

Vous rendez plus terrible encore cette funeste influence du luxe, non pas sur la misère (nous avons des chiffres et des exemples pour prouver qu'un habitant des campagnes, recevant 200 fr. annuellement, gagnera plus que l'ouvrier à qui vous accordez 5 fr. par jour à Paris (1), non pas sur la misère, disons-nous, mais sur la simplicité ; vous attirez, vers les grands centres, cette population simple et pure des champs, ces rudes et laborieux travailleurs en les séduisant par un luxe trompeur.

Vous les conviez à un Banquet de comédie où tous les mets sont de carton, vous les arrachez à une existence, sinon heureuse, du moins certaine pour leur offrir la misère sous un masque doré, vous augmentez le nombre des bras inutiles et conséquemment vous réduisez les ressources en les divisant (2).

Enlever à la terre les bras qu'elle réclame, n'est-ce pas resserrer les limites de ses produits, n'est-ce pas augmenter les besoins des cultivateurs et ouvrir un plus vaste champ aux spéculations des capitalistes.

(1) C'est dans l'éducation qu'il faut chercher la cause du mal que nous éprouvons : l'éducation, dont l'application presque toujours fausse et vicieuse, nous crée des besoins sans nous donner le moyen de les satisfaire.

(2) Cet effet s'observe notamment et d'une façon déplorable dans les temps de crise. Le décret du préfet de police, en date du 19 mars dernier, concernant les ouvriers étrangers, n'a pas été rendu par d'autres motifs.

Or, ruiner l'agriculture, n'est-ce pas enlever à l'État toutes ses richesses.

Relevez donc le courage de ces malheureux que l'envie déplace et ruine, élevez les dans leur propre estime ces gens que l'humiliation à découragés, fixez les à leur charrue par des encouragements dignes d'eux et dignes de nous, détruisez chez eux, au lieu de l'alimenter, ce besoin d'un luxe menteur, en leur donnant une aisance réelle, étendez sur l'agriculture les bienfaits que vous voulez appliquer à l'Industrie et vous aurez vraiment augmenté les salaires en assurant à chacun la part du travail à laquelle il a droit, car le mal est là, le chercher ailleurs c'est fuire l'évidence.

La concurrence a été le prétexte qui à fourni l'idée d'augmenter les salaires, l'on s'est dit élever les salaires, c'est élever le prix de revient, or l'entrepreneur payant plus cher, fera moins de rabais.

L'idée n'était ni généreuse ni sincère, car il n'était pas possible que l'on n'en connut par avance le résultat, ce que l'on voulait ce que l'on veut encore, c'est bien moins l'amélioration du sort des *Travailleurs*, (nous croyons l'avoir prouvé plus haut) que l'espoir follement conçu de réaliser la plus irréalisable des Utopies.

La concurrence pèse toujours sur le fabricant, rarement sur l'ouvrïer, toutefois le contraire ne serait applicable qu'aux *Piécards* nullement aux *Journaliers*.

Qu'un fabricant soit forcé par la concurrence de baisser le prix d'un produit, il baissera le prix de *façon* de ce produit s'il le *marchande*, mais il ne baissera pas le prix des journées si les ouvriers concourant à la fabrication de ce produit, sont à la journée.

S'il y a un ou deux exemples qui démentent cette assertion, c'est un fait isolé, c'est l'exception, et nous ne pouvons juger de généralités sur des faits particuliers.

Il ne fallait donc pas demander d'élever le prix des journées, mais bien prendre des mesures pour assurer l'indépendance des ouvriers aux pièces.

La concurrence peut ruiner le fabricant, mais cette ruine du fabricant n'atteint jamais l'ouvrier qui reçoit toujours et avant tous son salaire dû.

Oui, direz-vous, mais elle le prive de son travail à venir.

C'est là la grande objection. C'est là la base fondamentale de cet édifice qui doit, en s'écroulant, nous engloutir sous ses décombres.

Eh bien ! à cela nous répondrons encore que le commerce roule en France sur un chiffre qui varie peu, qu'une affaire à faire sera toujours faite, et que l'on voit souvent (nous pourrions dire toujours) sur les ruines de ce géant manufacturier que la concurrence a abattu, s'élever un ou plusieurs centres d'industries qui recueillent les débris du premier.

L'extrême concurrence, dites-vous, est fille de la nécessité, ceci est indubitable; mais ne voyez-vous pas aussi que la nécessité naît à son tour de l'ambition irréfléchie d'une classe qui se sent le besoin d'être et que l'on a dépossédée.

En effet, que voulez-vous que fasse un malheureux ouvrier chargé de famille. Tant qu'il travaille il a du pain, la paie du soir suffit aux besoins du lendemain, mais s'il vient à perdre son travail, tout lui manque, il n'a même pas l'espoir d'un sort plus heureux dans l'avenir, au contraire, la vieillesse diminuant ses forces, il se verra bientôt remplacé par d'autres non plus courageux, mais plus jeunes, plus forts; une telle perspective l'épouvante justement; le besoin de se soustraire à cette fatale destinée du pauvre germe en son cœur, et pour y échapper, il s'*établit,* que peut-il perdre : il n'a rien. Il ne peut donc que gagner, mais sans ressources, la misère qu'il a cru fuir l'a bientôt atteint de nouveau. C'est alors que pour combler l'abîme qui s'ouvre sous ses pas, il fait des concessions onéreuses qui creusent plus profond encore cet abîme qu'il croyait combler. Il lui faut des affaires, il ne peut se soutenir qu'à ce prix; le vertige l'emporte, il marche, il marche, poussé par la nécessité jusqu'au jour où, chancelant, abattu, un souffle l'écrase.

Eh bien ! donnez à cet ouvrier l'espérance, tranquillisez son esprit sur le sort de sa famille, mettez sa vieillesse à l'abri du besoin, vous aurez borné son ambition, et si vous n'avez pas détruit la concurrence, vous l'aurez du moins rendue supportable.

Les ateliers sociaux ont pour but de détruire la concurrence ; c'est, dites-vous, combattre la concurrence par la concurrence; le mot n'est pas juste, c'est *monopole* qu'il fallait dire.

Si par l'établissement des ateliers sociaux vous avez en vue la destruction des gros capitalistes au profit des ouvriers, que deviendra, nous le demandons, le petit commerce que vous semblez avoir oublié; comment concilierez-vous ces mille intérêts qui se débattent dans la sphère intermédiaire et qui ont bien, eux aussi, quelques droits à votre sollicitude.

Mais si, centralisant l'industrie vous ruinez les patentables en les mettant dans l'impossibilité d'opérer, vous devez aussi, en les dépouillant des privilèges, les affranchir des charges.

Et de quel droit, en effet, l'Etat devenu commerçant, viendrait-il exiger d'un contribuable l'acquit de ses contributions, et dans ce cas, celui-ci ne serait-il pas en droit de refuser un impôt qui ne ferait qu'ajouter de nouvelles forces au concurrent qui le ruine.

Cette résistance d'ailleurs ne saurait avoir lieu, car si l'État ne bénéficie pas sur les produits des ateliers sociaux, il se ruine en s'imposant une charge au-dessus de ses forces.

S'il bénéficie, il se ruine encore en ruinant le commerce, qui fait sa richesse et sa vie.

Le commerce particulier doit en effet bientôt fléchir et succomber devant une concurrence puissante dont la tention constante serait le monopole. Or, le commerce détruit, l'impôt n'existe plus de fait. L'État alors, privé de ses ressources, devra vivre de ses produits commerciaux et supporter les déperditions, les désastres qui viennent frapper et détruire le commerce particulier; en un mot, l'existence de l'État sera purement commerciale et subordonnée à toutes les chances du commerce.

Oui, nous pensons qu'il serait possible d'appliquer ce système à quelques classes, mais nous soutenons aussi qu'il serait impossible de l'appliquer à d'autres. Or, la mesure étant partielle, on s'éloigne du but qu'on voulait atteindre.

Nous croyons la mesure générale bonne, si vous vous sentez assez forts pour saper d'un seul coup les bases de la société, et retournant le monde en poser de nouvelles.

L'établissement des ateliers sociaux serait impolitique, ce serait donner à l'État une arme passive mais redoutable par sa passivité même.

Ce serait aux forces armées qu'il dirige réunir pour être soumise à la même volonté celles des masses dont personne aujourd'hui n'est tenté de nier la puissance.

Et dût cette réunion n'exister que pour un jour, nous savons tous aussi que quelques heures suffisent pour changer la face du monde,

Les fins naturelles d'une telle concentration sont et doivent être le despotisme.

Ce système, en effet, est-il en lui-même autre que la tyrannie organisée; nous avons acquis par soixante ans de luttes et trois révolutions le droit à la liberté du travail, et ce droit, vous voulez nous le ravir non pas par la violence mais en nous mettant dans l'impossibilité d'en user.

Ce que nous disons ici, nous le disons pour tous, que deviendront les ouvriers quand l'industrie, ainsi centralisée, ne leur donnera que le choix d'accepter les conditions quelqu'elles soient qui leur seront imposées ou de mourir de faim. C'est le plus précieux, le plus sacré de leurs privilèges, l'indépendance, que vous voulez leur enlever.

A Dieu ne plaise que nous songions jamais à nous opposer à l'amélioration du sort des travailleurs, enfants de la misère, élevés à ses dures leçons; nous voulons le bien-être, mais le bien-être pour tous; notre désir ne va pas au-delà du possible; nous repoussons toute liberté partielle qui, liberté pour les uns, serait oppression pour les autres.

Ne préjugeons donc pas, laissons à l'avenir le soin de cueillir les fruits à leur maturité et ne compromettons pas le sort du pays par trop de précipitation, la civilisation marche incessamment vers le progrès; suivons l'impulsion qu'elle nous donne, mais ne la devançons pas. Il n'est pas besoin, selon nous, de détruire pour améliorer. La société, est-elle en effet malade à ce point qu'il soit nécessaire d'amputer les membres pour sauver le corps? Non, la corruption naît au cœur de l'homme comme le ver au cœur de l'arbre; c'est donc au cœur qu'il vous faut frapper, mais prenez garde, l'opération est grave, car, si voulant tuer le mal, vous tuez l'homme, que ferez-vous du cadavre!

Voilà ce que vous proposez et ce qui ne peut être mis à exécution qu'après d'immenses malheurs.

Nous, qui ne nous sentons pas assez forts pour supporter le fardeau d'une société démembrée.

Nous, qui d'ailleurs craindrions, en rétablissant, d'oublier quelques rouages à cette machine qu'on appelle le monde et qu'elle ne marchât plus.

Nous, qui ne voulons pas détruire, enfin, mais soulager, mais améliorer, mais greffer.

Voici ce que nous proposons :

1° Qu'il soit accordé à chacun suivant son mérite;

2° Que la réduction du temps de travail ne soit pas l'objet d'une mesure générale, mais bien celui d'un profond et consciencieux examen;

3° Qu'il soit créé une caisse spéciale d'épargnes pour les ouvriers;

4° Que toute personne occupant un ou plusieurs ouvriers verse à cette caisse 10 c. par chaque journée de travail de chacun de ces ouvriers;

5° Que ces versements soient effectués par le patron et à ses frais sans rien réduire du salaire de l'ouvrier;

6° Qu'il soit fait un versement dans les mêmes conditions, mais de 5 c. seulement pour chaque journée d'apprenti;

7° Qu'il ne soit reçu à cette caisse d'autres fonds que ceux résultant des versements ci-dessus indiqués;

8° Que tout ouvrier venant à s'*établir,* perde ses droits au bénéfice de la retraite ;

9° Qu'il en soit de même à l'égard de tout ouvrier quittant la France;

10° Qu'en cas de mort, les versements effectués demeurent acquis à la caisse pour le bénéfice en être reversé sur tous;

11° Qu'il soit accordé des secours aux veuves d'ouvriers reconnues nécessiteuses ;

12° Que les orphelins d'ouvriers soient élevés aux frais et par les soins de l'administration, jusqu'au moment où ils seront supposés être en état de vivre de leur travail ;

13° Que tous les ouvriers en général quelques soient leur sexe, la nature de leur travail et le prix de leur journée soient appelés à jouir des bienfaits de cette institution ;

14° Qu'un ouvrier ne puisse jouir de sa part de revenu, qu'après un temps donné de travail à moins de cas particuliers;

15° Que les patrons à tous les dégrés ne puissent jouir du bénéfice de leurs versements, lesquels bien que faits par eux, ne devront profiter qu'aux ouvriers seuls;

16° Que des récompenses soient accordées à tous les producteurs et notamment aux agriculteurs;

17° Que ces récompenses soient partagées entre l'ordonnateur et l'exécutant;

18° Qu'il soit formé un tribunal de prud'hommes *spéciaux pour chaque industrie.*

Quelques mots d'explication sont ici nécessaires.

Nous avons déduit plus haut les raisons qui nous faisaient repousser tout système qui, tendit à niveler les salaires, et nous concluons en demandant, qu'il soit accordé à chacun suivant son mérite. « Mais, direz-vous, c'est renouveler la concurrence, c'est remettre en vigueur ce système d'exploitation, qui pèse d'une façon si désastreuse sur les ouvriers. »

Nous avons répondu d'avance à cette objection, en demandant la formation d'un tribunal de *prud'hommes spéciaux ;* il en sera parlé plus tard.

D'ailleurs croyez-en notre parole, mieux que vous, mieux que personne, un ouvrier sait défendre ses intérêts (1), et vraiment votre minimum est une étrange sauvegarde contre cette concurrence que vous craignez tant. Savez-vous ce qu'il arrivera, et ce qu'il arrive déjà, le patron forcé d'uniformiser ses prix, n'emploiera que d esouvriers forts, capables, et repoussera ceux qui trop faibles ne pourront, par leur produit quotidien, atteindre le chiffre de ce minimum. Aux premiers il accordera ce prix sans augmentation, puisque leurs droits ne pourront s'étendre au-delà, et les seconds rebutés iront demander à la commisération le pain que leur refusera le travail. C'est ainsi que vous aurez favorisé l'exploitation en voulant la détruire.

D'un autre côté, le patron forcé dans un temps de presse d'employer des ouvriers intelligents, fera une application uniforme du prix minimum fixé par vous. Aux uns il donnera trop ; aux autres trop peu ; ce qu'il perdra sur les premiers, il le gagnera sur les seconds : il y aura donc pour lui à peu près compensation ; mais l'ouvrier intelligent n'y trouvera pas son compte, et le découragement devra bientôt s'emparer de lui ; voilà ce que vous aurez fait, et la faute sera d'autant plus grande, qu'avec votre système, vous n'avez et n'aurez jamais de remède à un tel mal.

(1) La grève des ouvriers charpentiers, en 1845, en est un exemple entre tant d'autres que nous pourrions citer.

Donc avec l'égalité des salaires, perte pour les ouvriers, perte pour les patrons, perte pour l'industrie, perte pour tous.

Notre pensée a été suffisamment exprimée relativement à la réduction des heures de travail. On nous répond que cette réduction avait pour but une plus large répartition de l'emploi. Ici encore on a passé à côté du vrai, la vérité étant que pour obtenir ce résultat, il fallait réduire le prix de la journée d'autant, autrement c'est une augmentation de salaire dont personne ne doit profiter, et toute augmentation qui tend à réduire le travail, est une cause dé dépérissement.

Nous ne sommes pas de ceux qui se consolent de l'élévation, de la valeur des produits, par ce raisonnement vendre moins, mais vendre plus cher, c'est faire le même bénéfice avec moins de capitaux. Ce raisonnement est erroné : il y a des bras, le nombre en augmente tous les jours : il faut les occuper, sans cela on arriverait bientôt à monopoliser le travail entre les mains des forts au détriment des faibles.

A ses soldats blessés, l'État accorde un asile, il pensionne ceux que la vieillesse réduit à l'inactivité, c'est une dette qu'il acquitte, c'est un serviteur qu'il récompense, c'est justice. A ses employés, même il assure un avenir par une retraite honorable; mais aux travailleurs qui l'ont enrichi, mais aux travailleurs qui l'ont soutenu, il n'accorde rien. Oh! si nous nous trompons, l'hôpital pour quelques-uns, le vagabondage pour quelques autres, la réprobation pour tous.

Chacun s'accorde sur ce point; qu'il faut tranquilliser l'esprit des ouvriers sur leur avenir; mais on s'entend généralement assez peu sur le moyen.

Bien des plans ont été proposés déjà, qui tous ont été repoussés par l'opinion; un seul a semblé prévaloir, c'est celui qui admet la participation des ouvriers aux bénéfices.

Nous combattons ce moyen de toutes nos forces; voici pour quelles raisons :

Si vous admettez les ouvriers au partage des bénéfices, vous privez le patron de son libre arbitre, en le plaçant sous le contrôle des ouvriers, la décision devient lente, timide et sans force, si elle doit être le résultat d'une délibération.

Le citoyen Leclaire qui propose ce système comme mis en usage parlui, disait dans un article qu'il fit insérer au *Courrier Français*, qu'il occupait 150 ouvriers peintres en bâtiment, et dans un autre article rapporté par la *Presse*, du 15 mars, que dans les années 1842 et 1843, 50 ouvriers avaient été appelés au partage de ses bénéfices. Nous demanderons pourquoi 50 seulement sur 150 ont été appelés au partage des bénéfices.

La raison qu'il ne donne pas, c'est que pour 50 hommes qui forment l'effectif ordinaire de son personnel, il entre annuellement chez lui 300 ouvriers et plus, parmi lesquels il choisit les 50 précités. Les ouvriers refusés après un temps plus ou moins prolongé de travail, suivant l'exigence des affaires, reçoivent leur salaire sans être admis au partage ; 30, ajoute M. Leclaire, ont reçu des gratifications, voilà qui est bien ; mais pourquoi 80 au lieu de 300, ou pour nous renfermer dans les chiffres qu'il donne, au lieu de 150 ?

Relatons en passant que le citoyen Leclaire s'adjuge tout d'abord une haute paie de 6,000 fr., l'importance de ses affaires le lui permet. Mais, quoi ! ne sait-on pas, que tout compte fait, les bénéfices du petit fabricant suffisent à peine à ses besoins, et vous voulez qu'il les partage, dites-lui donc alors de ne pas vivre. Les mutations continuelles qui s'opèrent dans quelques parties rendent ce système généralement impraticable ; en effet, lorsqu'un ouvrier a travaillé un mois chez un patron, celui-ci peut-il, doit-il partager avec cet ouvrier, un bénéfice qu'il ne connaît pas (1), et qui pour lui se résumera peut-être après plusieurs années d'attente en une perte totale.

Les comptes, dit-on, seront établis, tous les trois ans, s'il y a perte ou seulement défaut de bénéfices (circonstance qu'il sera bien aisé de faire naître), les ouvriers devront se contenter de leur salaire. A merveille ; mais quel ouvrier consentira à attendre trois ans, et puis quelle justice que celle qui forcerait le patron à partager ses bénéfices, quand il devrait supporter seul le poids des pertes ; quel homme, d'ailleurs, serait assez fou pour engager ses capitaux dans une entreprise pareille.

Nous ajouterons encore que ce système est immoral, en ce qu'il peut devenir un dangereux foyer de corruption. Car, s'il ajoute aux bénéfices par la solidarité et l'activité, il peut et bien plus encore ajouter par la fraude.

(1) Les travaux de bâtiment sont réglés à un an, deux ans et quelquefois plus.

La fraude, cette plaie dévorante qui ronge la société, énerve ses facultés et la jette aux bras de la misère, qui divise le monde en deux camps ennemis; dupes et fripons, la fraude que notre langage verni décore du nom de concurrence.

Concurrence, nécessité, ambition, sont trois mots qui se suivent, se lient et s'enchaînent; ils représentent à la fois la cause et l'effet.

Sans ambition, pas de besoins, sans besoins, pas de concurrence.

Nous avons dit que borner l'ambition, c'était non pas arrêter complétement la concurrence, mais en atténuer les facheux effets, et nous avons ajouté que pour mettre un frein moral, bien entendu, à cette ambition, il fallait assurer un avenir à l'ouvrier, que le défaut d'espérance jetait sans ressources dans de hasardeuses entreprises, d'où il ne devait sortir qu'en laissant après lui quelques lambeaux de son honneur et de sa probité. Nous croyons avoir atteint ce but, par la création de notre caisse d'épargnes.

En effet, quel mobile assez puissant pousserait l'ouvrier à échanger la réalité de son avenir contre les éventualités de l'entreprise, oserait-il de gaîté de cœur et sans remords, exposer l'existence assurée de sa famille aux chances périlleuses des affaires; car, perdant ses droits, sa femme, ses enfants, les perdraient également.

On nous objectera, sans doute, qu'il n'est pas juste, qu'un patron après trente années et plus, peut-être, passées dans les affaires, soit en cas de revers privé de secours, à cela nous répondrons que : 1° la concurrence diminuant, les chances de ruine diminueront avec elles; 2° que dans ce cas la prévoyance est de la sagesse. Ne serait-il pas déraisonnable, en effet, d'exiger d'un fabricant, qu'il n'eût de prévoyance que pour ses ouvriers; 3° que si vous ne fermez cette voie de retraite aux esprits avides, vous n'avez pas arrêté la concurrence, mais au contraire vous lui avez donné un nouvel aliment.

Nous avons demandé que les versements soient faits aux frais du patron sans porter atteinte au salaire de l'ouvrier : c'est que nous avons voulu qu'il s'établit une solidarité morale, fraternelle, entre le patron et l'ouvrier, se résumant de la part du premier par une protection toute paternelle, de la part du second par une reconnaissance soutenue.

L'administration chargée de recevoir ces versements, serait placée sous le contrôle de l'État; les patrons le seraient à leur tour sous celui des ouvriers eux-mêmes.

Au premier versement ilserait délivré un récépissé ou livret nominatif, ce livret serait une fois donné, et deviendrait la propriété, le titre de l'ouvrier, au nom duquel le versement aurait été fait.

A chaque versement nouveau, le patron devrait présenter ce livret au caissier ou administrateur préposé à cet effet, lequel certifierait sur ce livret l'exactitude de la somme versée, ce qui serait le reçu naturel du patron et la garantie de l'ouvrier. Toutefois ce versement ne serait nominatif que quant à l'ouvrier; et pour sa garantie la caisse accepterait en masse, et remettrait en double au patron un reçu du total de la somme versée pour tous ses ouvriers.

Tous les ans il pourrait être publié un état des recettes.

Chaque patron pourrait ainsi en résumant ses reçus, vérifier à son tour l'exactitude de cet état.

De cette sorte il s'établirait une responsabilité réciproque qui deviendrait la garantie de tous.

Nous avons dit quels avantages il serait possible de retirer du mode d'organisation que nous proposons; il nous reste à expliquer sur quoi se fondaient nos espérances.

Voici quelques chiffres.

On compte en France environ 6 millions de travailleurs; eh bien, qu'il soit versé 10 centimes par chaque journée de travail de ces 6 millions d'hommes, et vous aurez un résultat de six cent mille francs par jour.

Admettez maintenant que le terme moyen des jours de travail soit de huit mois par année, soit 240 jours, et vous aurez à la fin de votre année, compris les intérêts (les sommes ne se versant pas par année mais par quinzaine, par mois au plus), un premier capital de 150 millions environ. Cumulez ainsi pendant trois années successives, et vous vous trouverez avoir en caisse une somme de 480 millions, plus un revenu annuel de 150 millions.

C'est là, nous le croyons, un assez beau résultat obtenu sans qu'il en coûte rien à l'État ni aux ouvriers.

Ajoutez à ce chiffre celui résultant des décès, des émigrations, des prises d'établissement, et vous serez largement en mesure, après trois années d'attente seulement, soit de pensionner, soit d'offrir une maison de retraite aux infirmes et aux vieillards.

A cet effet nous proposons le château de Neuilly comme réunissant à un haut degré tous les avantages indispensables à un tel usage :

proximité de Paris, air pur, vastes promenades, économie sur les prix des subsistances, etc.

Nous disons encore que, dans l'état actuel de nos finances, de telles ressources pourraient être d'un grand secours à l'État.

Nous nous sommes élevés contre l'augmentation proposée des salaires, et nous ajouterons qu'à une augmentation directe qui doit ruiner les chefs d'industrie et l'industrie elle-même, nous préférerions que les ouvriers trop peu rétribués reçussent (durant les trois années d'attente), une indemnité compensant l'insuffisance de leur salaire.

L'avenir des ouvriers en général se trouvant assuré, les plus aisés de ceux-ci ne pourraient-ils s'entendre, à l'imitation de certaines classes industrielles, et former entre eux une caisse de secours provisoires.

On a souvent parlé d'oppression, et l'on s'est obstiné à en considérer les ouvriers comme les seules victimes : l'oppression existe ; mais, par un jeu de bascule assez naturel, ouvriers et patrons la supportent alternativement.

En temps de chômage, les patrons sont les oppresseurs parce que la nécessité leur livre les ouvriers sans défense ; mais en temps de grande activité, d'opprimés les ouvriers deviennent oppresseurs à leur tour, ils dictent des lois qui, presque toujours, sont subies sans résistance.

C'est donc dans l'espoir de parer à ce fâcheux état de chose, que nous proposons une institution de prud'hommes spéciaux, lesquels seraient appelés à concilier les différends qui pourraient exister entre les ouvriers et leurs patrons. La décision ayant force de loi, on éviterait ainsi l'exploitation des uns et des autres, les grèves, les collisions, en un mot tous les disssentiments et les malheurs qui en sont la suite.

Cet exposé rapide a besoin, nous le savons, de plus grands développements ; mais cela nous ferait sortir du cadre que nous nous sommes tracé.

Heureux si nous avons indiqué le mal et le remède.

Heureux si nous sommes parvenus à jeter un rayon de lumière dans ce chaos d'idées qui se pressent, se croisent et se heurtent sans jamais se lier.

Heureux enfin si nous avons pu faire comprendre aux ouvriers et aux patrons que leurs intérêts sont communs, et qu'il est encore avec la *fraternité* de beaux jours pour tous.